MOI, LE SOLEIL

UNIQUE PARMI DES MILLIARDS

À toi, maman. Tu es mon soleil! – S. M.

À Stanley, Emily et Ellis. Vous êtes les étoiles qui m'inspirent joie et vie. – S. L.

À Pluton. Tu feras toujours partie de mon système solaire,
peu importe ton statut. – S.

Catalogage avant publication de Bibliothèque et Archives Canada

McAnulty, Stacy
[Sun! Français]
Moi, le Soleil : unique parmi des milliards / Stacy McAnulty ;
illustrations de Stevie Lewis ; texte français de France Gladu.

Traduction de: Sun!
ISBN 978-1-4431-7635-4 (couverture souple)

1. Soleil--Ouvrages pour la jeunesse. I. Lewis, Stevie, illustrateur
II. Titre. III. Titre : Sun! Français.

QB521.5.M3914 2019 j523.7 C2018-905886-2

Édition publiée par les Éditions Scholastic,
604, rue King Ouest, Toronto (Ontario) M5V 1E1.

5 4 3 2 1 Imprimé en Malaisie 108 19 20 21 22 23

Les illustrations de ce livre ont été réalisées à l'aide de crayons de couleur,
d'encre, d'aquarelles et d'outils numériques.

Conception graphique : April Ward

MOI, LE SOLEIL
UNIQUE PARMI DES MILLIARDS

TEXTE DU Soleil (ET DE STACY McANULTY)
ILLUSTRATIONS DU Soleil (ET DE STEVIE LEWIS)
TEXTE FRANÇAIS DU Soleil (ET DE FRANCE GLADU)

SCHOLASTIC

Il y a quelque

4,6 milliards d'années,

une étoile magnifique et
importante est née.

Cette étoile magnifique et importante,
c'est moi : le Soleil (avec un **S** majuscule)!

Eh oui, je suis une ÉTOILE.

ÉTOILE : 1. Boule de gaz massive et lumineuse, remplie d'énergie;

2. Interprète extraordinaire qui brille
par son talent et sa popularité.
Ces deux définitions me vont bien.

La Voie lactée compte plus de
100 milliards d'étoiles.

MOI!

Cela fait de moi une étoile
unique parmi des milliards.
Ou plutôt... parmi 100 milliards.

Je ne suis pas la plus grosse.
Et puis après?
Ni la plus brillante. *On s'en fiche!*
Ni la plus vieille. *Tant pis!*

Mais je suis la plus
importante. Du moins,
pour vous... les Terriens.

Pouvez-vous m'attendre
huit petites minutes?
C'est le temps que met ma
lumière à atteindre la Terre.
Ouais, je vous donne
de la chaleur et de la
lumière. *Surtout, ne me
remerciez pas!*

J'ai une telle importance que des Terriens ont déjà nommé un jour de la semaine en mon honneur. Ils appelaient le dimanche « Sol ». Quelle brillante idée!

Je suis connu pour ma chaleur et ma lumière, mais c'est aussi grâce à moi que le système solaire reste uni.

Les scientifiques appellent ça la GRAVITÉ.
Mais que voulez-vous queje dise?

Les planètes me trouvent attirant.

Et comme je suis le centre de notre système solaire, la vie tourne *littéralement* autour de moi!

NEPTUNE

(une année neptunienne = 60 190 jours terrestres)

SATURNE

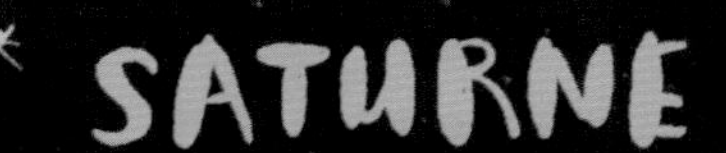

(une année saturnienne = 10 756 jours terrestres)

URANUS

(une année uranienne = 30 687 jours terrestres)

Regardez! Les planètes tournent toutes dans la même direction.

Les autres étoiles sont très, très loin de la Terre. C'est pourquoi elles paraissent si minuscules et insignifiantes.

Moi, je suis proche de la Terre : à peine **150 millions** de kilomètres nous séparent.

Pour les Terriens, je ressemble à ceci.

Mais pour les habitants de Neptune, je suis à une distance d'environ **4 500 millions** de kilomètres. Et je ressemble à celà (en supposant qu'il y *ait* des Neptuniens. À ma connaissance, il n'existe aucune forme de vie sur Neptune.)

Techniquement, je suis une étoile *naine* jaune.

Mais je connais ma valeur.

Si j'avais la taille d'un ballon de basketball, la Terre serait plus petite qu'un grain de sable.

Je pourrais contenir l'équivalent de près d'un million de planètes Terre.

En réalité, je ne pourrais pas contenir autant de planètes, car je suis bien trop chaud! Faisons une comparaison :

Une chaude journée d'été : 32 °C

Un four à pizza : 371 °C

Les flammes jaune-orangé d'un feu de camp : environ 1 100 °C

Moi!
°C
Environ 5 540 °C à la surface. Je fais fondre les diamants!
Moi!
Mon noyau
fait 15 millions de °C.

Les anciens Terriens croyaient que je tournais autour de la Terre. *Vous vous rendez compte? Moi, gravitant autour de la Terre?*

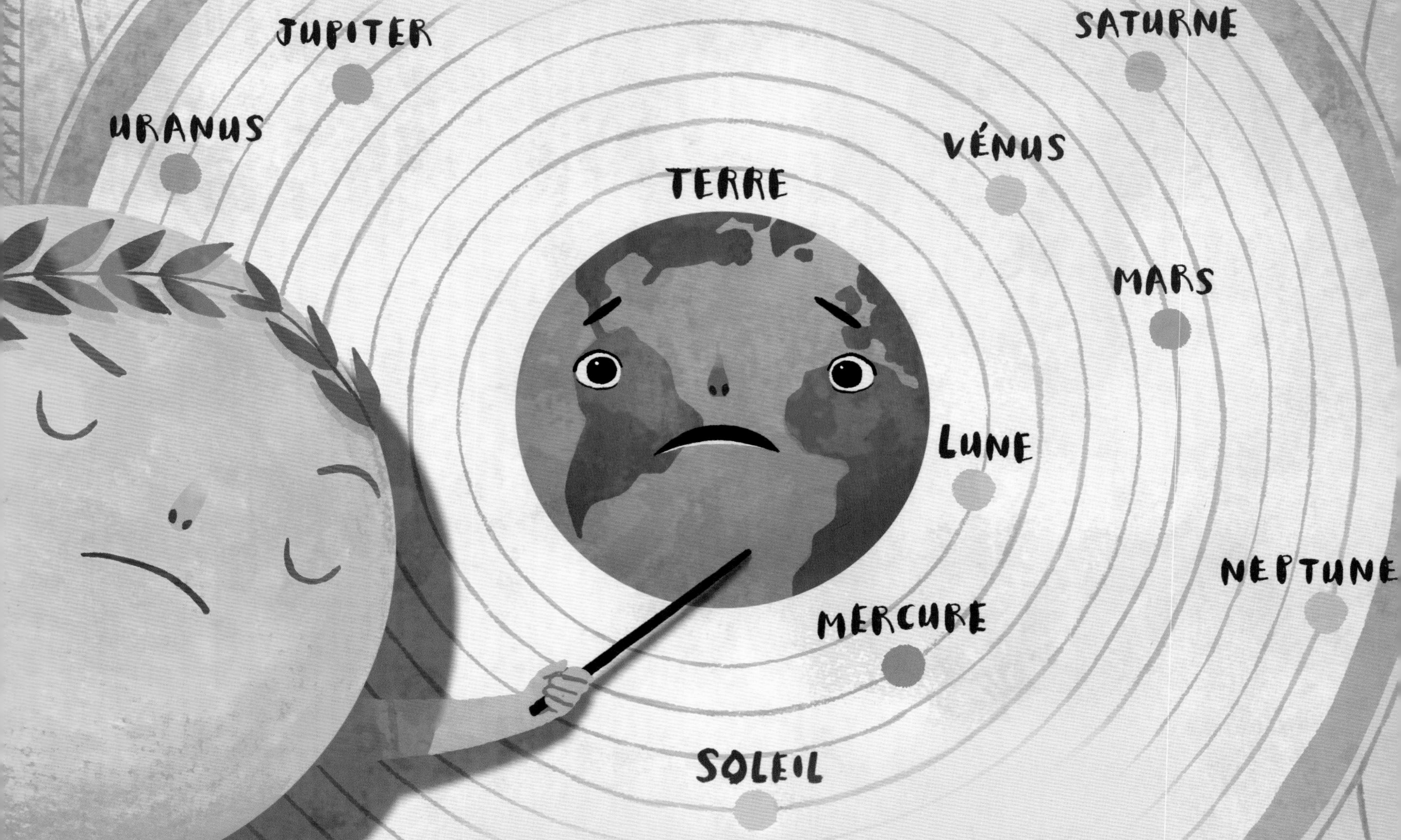

Certains croient peut-être que je me contente de trôner paisiblement dans le ciel jour et nuit. *Détrompez-vous!* Je tourne sur moi-même.

Et puisque je ne suis pas fait de matière solide, le milieu de mon corps tourne plus rapidement que le haut et le bas.

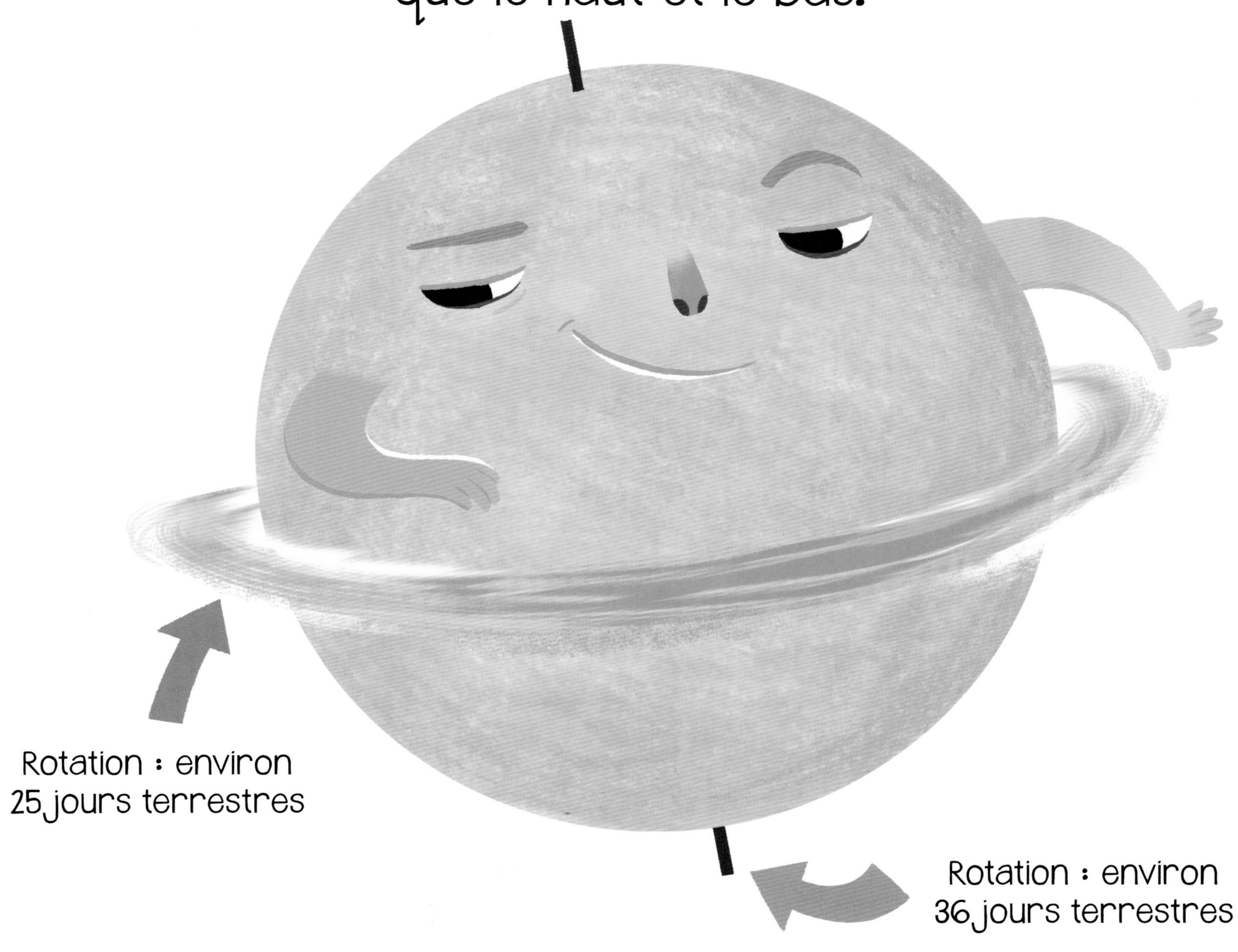

N'essayez pas d'en faire autant.

Je ne suis pas seulement important...
je suis aussi généreux *et* plutôt joli.

Admirez le spectacle, mesdames et messieurs!

Parfois, j'aime être mystérieux et me dissimuler quelques minutes. Cela s'appelle une éclipse solaire! Mais ne vous inquiétez pas, je me cache simplement derrière la Lune.

Bien que je sois considérablement plus imposant que la Lune (400 fois plus gros), celle-ci est considérablement plus proche de la Terre que moi (presque 400 fois plus proche).

J'ai pour voisines des étoiles aux noms très chics.
Voici Proxima du Centaure, Alpha du Centaure A
et Alpha du Centaure B.

À côté de ces noms compliqués,
le mien paraît tout simple.

So-leil! So-leil! So-leil! Tu fais notre bonheur. C'est toi qui nous donnes lumière et chaleur. Et rappelez-vous : mon nom s'écrit avec un S majuscule! Je suis *important*.

Sans me vanter, je n'ai rien perdu de mon éclat malgré les années. Je reste l'étoile ardente et brillante que j'ai toujours été.

Une étoile stable est une bonne étoile.
Il ne faudrait pas que le Soleil se réchauffe ou se refroidisse. Cela causerait trop de dégâts.

Alors, mettez vos lunettes de soleil!

Je compte poursuivre ma mission pendant
encore six milliards d'années.
Vous et moi, nous avons un brillant avenir!

Chère lectrice, cher lecteur,

J'adore notre Soleil, et je crois qu'il mérite que nous lui trouvions un nom, que ce soit Edmond, Réginald ou Solus Importantus du Centaure. Sans lui, notre planète Terre géniale n'existerait pas. Et sans la Terre, mes choses préférées, comme les biscuits au chocolat, les albums illustrés ou les petits chiens mignons n'existeraient pas non plus. Alors, je tiens à remercier le Soleil (avec un S majuscule) pour sa lumière, sa chaleur, son énergie, et pour la gravité qui permet à la Terre de tourner juste à la bonne distance de sa surface bouillante. Trop proches, nous brûlerions; trop loin, nous serions gelés. Décidément, Soleil, tu es incomparable.

Avec toute ma reconnaissance,

Stacy McAnulty

Auteure et grande consommatrice d'écran solaire

P.-S. Les scientifiques font sans cesse des découvertes. À mesure que progresse la technologie, nous en apprenons davantage sur l'Univers. Nous avons tout fait pour vous fournir des renseignements et des nombres précis. Nous avons vérifié, revérifié et re-revérifié nos informations. Si vous tombez sur des données plus récentes, n'hésitez pas à les noter dans cet album… sauf si vous l'avez emprunté à un ami ou à la bibliothèque, bien sûr. Dans ce cas, inscrivez ces nouvelles données sur un feuillet adhésif et laissez-le entre les pages de ce livre. Merci!

Entretien avec l'étoile* de cet album, le Soleil!

*Vous saisissez? *L'étoile* de cet album?

Q. **Quelle est votre planète préférée? Rappelez-vous que ce seront surtout des Terriens qui liront ce livre.**

R. Je n'ai pas de préférée, évidemment. Chacune est spéciale - et plutôt chétive. Ma propre masse représente 99,8 % de tout le système solaire. C'est comme si vous demandiez à un humain de choisir sa tête d'épingle préférée!

Q. **Vous existez depuis près de 4,6 milliards d'années et l'on s'attend à ce que vous continuiez de briller pendant encore au moins 6 milliards d'années. Quel est le secret de votre dynamisme?**

R. J'adore bouger. Comme vous l'avez lu, je fais des rotations. De plus, environ tous les 11 ans, mes pôles inversent leur polarité magnétique. Mon pôle positif devient négatif, et mon pôle négatif devient positif, ce qui provoque d'impressionnantes tempêtes solaires. J'orbite aussi autour de la Voie lactée et j'entraîne avec moi la Terre et toutes mes autres planètes. C'est un long voyage qui dure environ 230 millions d'années.

Q. **De l'extérieur, vous avez l'air d'une gigantesque boule de feu. Mais de quoi êtes-vous réellement fait?**

R. Surtout d'hydrogène et d'un peu d'hélium.

Q. **Lorsque les jeunes artistes terriens vous dessinent, de quelle couleur préférez-vous qu'ils se servent?**

R. Techniquement, je suis une étoile naine jaune. Mais lorsqu'on me voit de l'espace, où il n'y a pas d'atmosphère, je suis plutôt de couleur blanche. Reste que, sans moi, les Terriens ne verraient aucune couleur parce qu'il ferait trop noir. Ils peuvent donc utiliser n'importe quel crayon de couleur, mais je leur recommande d'ajouter des brillants à tous leurs dessins de moi, histoire de bien rendre ma scintillante personnalité.

Q. **Une dernière question : Auriez-vous un conseil à donner aux lecteurs?**

R. Oui. Ils ne doivent jamais me regarder directement, même durant une éclipse solaire, parce que je peux endommager leurs yeux. Les Terriens sont trop fragiles pour faire face à mes rayons ultraviolets. Et je leur conseille aussi de manger des légumes, car j'ai aidé à les faire pousser.

QUELQUES DONNÉES SUR LE SOLEIL

Âge : Selon les scientifiques, le Soleil aurait entre 4,5 et 4,6 milliards d'années. Il y en aurait, des bougies, sur son gâteau!

Rayon : Le rayon est la distance reliant le centre d'un cercle ou d'une sphère à un point de la circonférence.

Rayon du Soleil : 695 508 km
Rayon de la Terre : 6 371 km
Rayon de la Lune : 1 737 km

Masse et volume : La masse est la quantité de matière que contient un objet. Le volume est la quantité d'espace qu'occupe un objet. Un ballon rempli d'air et un ballon rempli d'eau ont le même volume, mais le ballon qui contient de l'eau a une masse plus importante. Et un ballon rempli d'eau est plus amusant.

Masse du Soleil : 1 988 500 x 10^{24} kg
Masse de la Terre : 5,9724 x 10^{24} kg
Pour ce qui est de la masse, le Soleil est 333 000 fois plus gros que la Terre.
Volume du Soleil : 1 412 000 x 10^{12} km^3
Volume de la Terre : 1,083 x 10^{12} km^3
Pour ce qui est du volume, le Soleil est 1 304 000 fois plus gros que la Terre.

Distance : La distance qui sépare la Terre du Soleil varie, car l'orbite de la Terre n'est pas un cercle parfait, mais plutôt un ovale. En moyenne, la distance entre la Terre et le Soleil est d'environ 150 millions de km. On peut également dire que la Terre et le Soleil se trouvent à une unité astronomique (1 UA) d'écart.

Distance du Soleil :

Mercure : 0,4 UA	Saturne : 9,5 UA
Vénus : 0,7 UA	Uranus : 19 UA
Mars : 1,5 UA	Neptune : 30 UA
Jupiter : 5,2 UA	Pluton (Pas une planète!) : 39,5 UA

Composition : Les astronomes estiment que le Soleil est composé de 67 éléments, mais il contient surtout de l'hydrogène et de l'hélium.

Atomes d'hydrogène : 91,2 %
Atomes d'hélium : 8,7 %
Autres atomes : 0,1 %

Les atomes sont les minuscules éléments dont sont faites toutes les matières.

Notre système solaire :
Une étoile (notre Soleil!)
Huit planètes
Cinq planètes naines (dont Pluton)
Au moins 157 lunes
Des centaines de milliers d'astéroïdes, de comètes et de météores
Un seul toi (ce qui te rend unique!)

Stacy McAnulty adore le Soleil... mais elle brûle facilement! Elle a publié de nombreux livres dont *Moi, la Terre* illustré par David Litchfield, et les albums *Les Jolies filles* et *Les petits héros* illustrés par Joanne Lew-Vriethoff. Stacy vit en Caroline du Nord, aux États-Unis, avec son mari, leurs trois enfants et trois chiens.

Stevie Lewis vit dans ses valises, laissant libre cours à ses passions : l'escalade, l'art et le plein air. Elle puise son inspiration dans des sources diverses, par exemple en escaladant une paroi du Haut désert de l'Oregon, ou en sillonnant à pied les régions sauvages de l'Alaska ou en partageant des rires autour d'un feu de camp avec d'autres voyageurs. Après avoir travaillé quatre ans dans l'animation, elle illustre maintenant des livres jeunesse.

Le Soleil est une étoile naine jaune qui aime l'espace. Centre du système solaire, il est entouré de huit planètes, de la ceinture de Kuiper, du nuage d'Oort et de nombreuses planètes naines (dont Pluton). Il s'agit de son premier ouvrage destiné aux enfants.